AF239959

Ein Geschenk für

Mit den besten Wünschen von

Bestell-Nr. RKW 5114

5. Auflage 2020

© 2013 Kawohl Verlag, 46485 Wesel
Alle Rechte vorbehalten

Titelfoto: A. Will

Gestaltung und Zusammenstellung: Kawohl Verlag

Druck und Bindung:
Drukarnia Dimograf, Bielsko-Biała, Polen

ISBN 978-3-86338-114-1

www.kawohl.de

Die goldene Schatzkiste

52 Impuls-Geschichten für's Leben

kawohl

Lieber Finder dieser goldenen Schatzkiste!

Haben Sie schon einmal davon geträumt, einen wertvollen Schatz zu finden, am besten im eigenen Garten oder auf dem Dachboden? Das wäre eine Überraschung!

Aber was würde einen solchen Fund eigentlich kostbar machen? Vielleicht würde die Truhe Gold und Edelsteine enthalten und Sie von allen Geldsorgen befreien. Viel wahrscheinlicher enthält sie aber Dinge, die Menschen vor vielen Jahren am Herzen lagen, Dinge, die eine Geschichte haben und erzählen: Die verstaubte Schatulle öffnet sich und Sie finden ein paar Fotos, einen Liebesbrief, die Brille Ihres Urgroßvaters ... und verloren Geglaubtes erwacht zum Leben. Jetzt wird es wirklich spannend, denn der Fund bewegt Sie, verändert Sie vielleicht sogar.

Auch dieses Buch ist so eine Schatzkiste und wir gratulieren Ihnen dazu, sie gefunden zu haben. Die Geschichten berühren und geben mit augenzwinkerndem Humor bildhaft Impulse, die noch lange nachwirken. Deshalb eignen sie sich auch hervorragend als Andachten, für sich selbst oder zum Vorlesen − eine für jede Woche, wenn Sie mögen.

Das Leben ist reich. Vieles von diesem Reichtum haben die Erzählungen dieses Buches eingefangen. Und ich wünsche Ihnen, dass diese pointierten Gedanken auch Ihr Leben bereichern.

Reinhard Kawohl

Grundrezept für ein neues Jahr

Man nehme ein irdenes Gefäß, reinige es mit dem klaren Wasser der Erkenntnis und reibe es aus mit dem scharfen Sand der Vergebung, man entferne Bitterkeit und Geiz, Kleinlichkeit und Angst, auf dass nichts Giftiges und nichts Verderbliches mit ins neue Jahr gerate!

Dann gebe man in dieses Gefäß: fünf Kilo Hoffnung, ein halbes Kilo Zufriedenheit und ein Pfund Gelassenheit. Geduld braucht es mindestens ebenfalls so viel und einen kräftigen Schuss Humor.

Eine Prise Rücksicht und Demut sollte auch nicht fehlen, ebenso eine Portion Optimismus.

Das Ganze rühre man fleißig um und gebe immer wieder vom Öl des Gottvertrauens dazu!

Man erwärme alles auf dem Feuer der Liebe und achte sorgfältig darauf, dass der Inhalt nicht erkalte.

Wenn du täglich ein kräftiges Gebet dazu fügst, wird der Schimmel der Verzagtheit nicht aufkommen, sondern Zuversicht wird deine Tage hell machen und Gottes Segen dich begleiten.

Nach einem alten Rezept

Nicht mehr als nichts

„Sag mir, was wiegt eine Schneeflocke?", fragte die Tannenmeise die Wildtaube an einem schönen Wintertag. „Nicht mehr als nichts!", gab die Taube zur Antwort.

„Dann muss ich dir eine wunderbare Geschichte erzählen", sagte die Meise. „Ich saß auf dem Ast einer Fichte, dicht am Stamm, als es zu schneien anfing. Nicht etwa heftig mit Sturmgebraus, nein, lautlos und ohne Schwere, wie im Traum.

Da ich nichts Besseres zu tun hatte, zählte ich die Schneeflocken, die auf die Zweige und Nadeln meines Astes fielen und darauf hängenblieben.

Genau dreimillionensiebenhunderteinundvierzigtausend-neunhundertzweiundfünfzig (3.741.952) waren es.

Als die dreimillionensiebenhunderteinundvierzigtausend-neunhundertdreiundfünfzigste (3.741.953.) Flocke niederfiel - nicht mehr als nichts, wie du sagst -, brach der Ast!"

Damit flog sie davon.

Die Taube, seit Noahs Zeiten eine Spezialistin in dieser Frage, sagte zu sich nach kurzem Nachdenken:

„Vielleicht fehlt nur eines einzigen Menschen Liebe zum Frieden in der Welt!"

Das Zündholz und die Kerze

Es kam der Tag, da sprach das Zündholz zur Kerze: „Ich habe den Auftrag, dich anzuzünden."

„Oh nein, nur das nicht", erschrak die Kerze, „wenn ich brenne, sind meine Tage gezählt, und niemand mehr wird meine Schönheit bewundern."

Das Zündholz fragte: „Willst du denn ein Leben lang kalt und hart bleiben, ohne zuvor gelebt zu haben?"

„Brennen tut weh und zehrt an meinen Kräften", flüsterte die Kerze angstvoll. „So ist es", entgegnete das Zündholz, „aber das ist das Geheimnis der Berufung:

Du und ich, wir sind dazu bestimmt, für andere Licht zu sein. Was ich als Zündholz tun kann, ist noch weniger als das, was in deinen Kräften liegt. Verweigerst du dich meiner Flamme, so verpasse auch ich den Sinn meines Lebens.

Ich wurde dazu geschaffen, Feuer zu entfachen, du bist als Kerze da, um zu leuchten und Wärme zu schenken. Alles, was wir an Schmerz, Leid und Kraft hingeben, wird verwandelt in Licht.

Wenn wir uns verzehren, gehen wir nicht verloren. Andere werden das Feuer weitertragen. Nur wer sich verweigert, wird sterben."

Da senkte die Kerze ihren Docht und sprach leise aber bestimmt: „Ich bitte dich, gib mir dein Licht."

Glück und Unglück

Eine Parabel aus China erzählt von einem armen Bauern, der einen kleinen Acker mit einem alten, müden Pferd bestellte und mehr schlecht als recht mit seinem einzigen Sohn davon lebte.

Eines Tages lief ihm sein Pferd davon. Alle Nachbarn kamen und bedauerten ihn wegen seines Unglücks.

Der Bauer blieb ruhig und sagte: „Woher wisst ihr, dass es Unglück ist?" In der nächsten Woche kam das Pferd zurück und brachte zehn Wildpferde mit.

Die Nachbarn kamen und gratulierten ihm zu seinem großen Glück. Der Bauer antwortete bedächtig: „Woher wisst ihr, dass es Glück ist?"

Der Sohn fing die Pferde ein, nahm sich das wildeste und ritt darauf los. Aber das wilde Pferd warf ihn ab, und der Sohn brach sich ein Bein. Alle Nachbarn kamen und jammerten über das Unglück.

Der Bauer blieb wieder ruhig und sagte: „Woher wisst ihr, dass es ein Unglück ist?"

Bald darauf brach ein Krieg aus, und alle jungen Männer mussten zur Armee. Nur der Sohn mit seinem gebrochenen Bein durfte zu Hause bleiben.

Meine Suche

Es waren zwei Mönche, die lasen einmal miteinander in einem alten Buch, in welchem die Weisheit und Wahrheit geschrieben stehen: Am Ende der Welt gäbe es einen Ort, an dem der Himmel und die Erde sich berühren, an dem also das große Glück zu finden ist.

Sie beschlossen, diesen Ort zu suchen und nicht umzukehren, ehe sie ihn gefunden hätten.

So durchwanderten die beiden die Welt, bestanden unzählige Gefahren, erlitten alle Entbehrungen, die eine Wanderung durch die ganze Welt erfordert; und alle Versuchungen, die einen Menschen von seinem Ziel abbringen können, wehrten sie ab.

Eine Tür sei dort, so hatten sie gelesen. Man brauche nur anzuklopfen und befinde sich bei Gott. Schließlich fanden sie, was sie suchten.

Sie klopften an die Tür. Bebenden Herzens sahen sie, wie sich die Tür öffnete. Und als sie eintraten und die Augen erhoben, fand sich jeder in seiner Klosterzelle.

Da begriffen sie: Der Ort, wo das große Glück zu finden ist, ja wo Gott begegnet, befindet sich nicht am Ende der Welt, sondern hier auf dieser Erde, an der Stelle, die uns Gott zugewiesen hat.

Getäuscht

Eine ältere Frau - graue Haare, buntes Leben -
stärkt sich nach einem anstrengenden Stadtbummel
im Schnellimbiss.

Sie lässt sich eine Terrine Gulaschsuppe geben und findet einen freien Tisch, stellt ihre Suppe darauf und hängt ihre Handtasche darunter. Noch einmal kämpft sie sich durch die Menge der Leute und Tische und holt sich einen Löffel.

Als sie zurückkommt, steht da ein junger Mann am Tisch und löffelt die Gulaschsuppe. Er ist schwarz und kommt aus Afrika. Die Frau schluckt ihre Entrüstung herunter, stellt sich dazu und isst mit ihm die Suppe.

Nun schaut der Schwarze ganz verwundert. Aber dann löffeln sie beide einander zulächelnd die Suppe.

Als die Terrine gemeinsam geleert ist, fragt der Afrikaner die Frau: „Darf ich Sie zu einer Tasse Kaffee einladen?"

Die Frau nickt beglückt über so viel Freundlichkeit. Der Mann holt zwei Tassen Kaffee, und sie trinken ihn schweigend aus. Schließlich verabschiedet sich der junge Mann und verlässt den Imbiss.

Die Frau ist voller Freude über die ungewöhnliche Begegnung. Aber plötzlich durchzuckt sie ein Gedanke. Sie fasst nach der Handtasche unter dem Tisch und greift ins Leere.

Die Tasche ist weg. „So ein Gauner", denkt sie und stürzt dem Mann hinterher. Aber der ist im Gewühl der Innenstadt längst verschwunden.

Enttäuscht kehrt die Frau in den Imbiss zurück und entdeckt - auf dem Nebentisch - ihre Terrine Gulaschsuppe und ihre Handtasche darunter.

Das Testament

Ein wohlhabendes Elternpaar hatte einen Sohn.

Die Mutter starb, als der Junge noch klein war. Nun galt die ganze Liebe des Vaters seinem Kind. Der Junge wuchs unter der liebevollen Fürsorge des Vaters heran. Zwischen Vater und Sohn entstand eine innige Beziehung von Vertrauen und Zuneigung.

Wie groß war der Schmerz, als der gerade erwachsene Sohn eines Tages starb! Der Vater litt unsäglich unter dem Verlust des geliebten Sohnes. Nach einigen Jahren quälender Einsamkeit starb auch der Vater.

Nach der Beerdigung kamen die Verwandten, um das Testament zu öffnen. Sie waren gespannt, wem das große Vermögen zufiele. Aber sie suchten ohne Erfolg.

Im ganzen Haus war kein Testament zu finden. So beschlossen die Verwandten, den Besitz unter sich aufzuteilen.

Am Nachmittag kam auch das Hausmädchen, das jahrelang für die Familie treu gearbeitet hatte. Sie trauerte dem Mann nach, der ihr in seiner Liebe zu seinem Sohn immer ein Beispiel gewesen war. Sie wollte nichts von den wertvollen Dingen aus dem Haus. Sie wollte nur ein Andenken an die Familie mitnehmen. So nahm sie ein kleines Bild von der Wand, das den Vater mit dem Sohn zeigte. Es war nur eine ganz einfache Fotografie, aber sie würde das Mädchen stets an die Liebe zwischen Vater und Sohn erinnern. Sie brachte das Bild nach Hause, und als sie es bei sich aufhängen wollte, fiel ein Stück Papier auf den Boden. Sie nahm es auf und fand das Testament des Vaters.

Er hatte geschrieben: «Wer immer den Wunsch hat, dieses Bild zu besitzen, soll mein Erbe sein. Er soll meine ganzen Besitztümer erhalten!»

Für Gott

Ein reicher Mann besuchte während der Bauarbeiten eine
Kathedrale und sah dort einen Mann, der einen winzigen
Vogel in einen Stützbalken einritzte.

Er war verwundert und fragte den Mann: „Warum ver-
schwendest du so viel Zeit damit, einen Vogel in den
Balken zu ritzen, der vom Dach verdeckt sein wird? Keiner
wird ihn jemals sehen!"

Der Arbeiter antwortete: „Weil Gott ihn sieht."

Tischgebet

Ein Bauer ist zu einem Festessen in der Stadt eingeladen. Verwundert erlebt er die heiße Schlacht am kalten Büfett mit. Er sieht, wie die feinen Herren sich begierig ihre Teller füllen und einfach zu essen beginnen. Er bedient sich auch, setzt sich zu Tisch und spricht erst ein Dankgebet.

Sein vornehmer Tischnachbar lächelt milde und sagt: „Na Bauer, du kommst wohl vom Lande. Seid ihr alle noch so altmodisch und betet bei Tisch?"

„Nein", antwortet der Bauer, „alle nicht." „Das habe ich mir gedacht. Sicher beten bei euch nur die Alten und Rückständigen", fragt der Mann weiter.

„Das nicht", meint der Bauer. „Ich will es Ihnen erklären. Sehen Sie, ich habe im Stall ein paar Sauen mit vielen Ferkeln, die fressen alle so. Aber wir Menschen, wir danken unserem Schöpfer für alle guten Gaben!"

Was siehst du?

„Rebbe, es ist entsetzlich: Gehst du zu einem Armen - er ist freundlich. Er hilft dir, wenn er kann. Gehst du zu einem Reichen - er sieht dich nicht einmal. Was ist das nur mit dem Geld?"

Da sagte der Rabbi: „Tritt ans Fenster! Was siehst du?" „Ich sehe eine Frau mit einem Kind an der Hand. Ich sehe einen Wagen. Ich sehe ..."

„Gut", sagt der Rabbi, „und jetzt stell dich hier vor den Spiegel! Was siehst du?"

„Nu, Rebbe, was werde ich sehen? Mich selber."

Darauf der Rabbi: „Siehst du, so ist es. Das Fenster ist aus Glas gemacht, und der Spiegel ist aus Glas gemacht.

Kaum legst du ein bisschen Silber hinter die Oberfläche - schon siehst du nur noch dich selber!"

Halt geben

Es war einmal ein Spazierstock. Er stand in einem innigen Dreiecksverhältnis zu den beiden Beinen des älteren Herrn, und das schon seit einigen Jahren. Wen wundert's, wenn daraus schon so etwas wie eine gewisse Abhängigkeit geworden war! Irgendwie gehörten sie zueinander, und man hätte sich kaum vorstellen können, dass die beiden Beine einmal ohne ihn ausgegangen wären. In liebevoll-fürsorglicher Weise ging der Spazierstock an ihrer Seite, stützte sie, bremste ab – gerade wie es nötig war. Ein Muster an Selbstlosigkeit. Doch der Schein trog.

In einer Stunde des Müßiggangs kam er auf dumme Gedanken. Warum sollte er auch immer nur in Begleitung dieser beiden schwachen Beine ausgehen? Hatte er nicht schließlich auch ein Recht auf ein Stück Eigenleben? Hie und da ein Stückchen Eigenständigkeit, etwas persönliche Freiheit – wer wollte ihm das verübeln? In einem Anfall von Übermut und Freiheitsdrang richtete er sich stolz auf und marschierte spontan los.

Das heißt: Er wollte losmarschieren. Doch obwohl er sonst sehr gut zu Fuß war, bekam er plötzlich einen Schwindelanfall und stürzte kopfüber die Treppe hinunter. Als er wieder zu sich kam, stand er an seinem vertrauten Platz in der Ecke.

Irgend jemand hatte ihm geholfen. Verschämt sah er sich im Zimmer um. Sein Blick fiel dabei auf den Wandspruch, den er schon ungezählte Male gelesen hatte:

„Die Menschen, denen wir eine Stütze sind, geben uns Halt!" Wie hatte er das nur vergessen können!?

Anders als erwartet

Bei einer Schiffskatastrophe in der fernen Weite des Ozeans gab es nur einen einzigen Überlebenden, der sich auf eine unbewohnte Insel retten konnte.

Dort baute er sich eine kleine Hütte und fristete mühsam sein Leben. Einsamkeit, Angst und Krankheit bedrängten ihn tief. Immer wieder suchte sein Blick den Horizont nach einem rettenden Schiff ab.

Vergebens. Da betete er inständig zu Gott, er möge ihn aus seiner Hilflosigkeit befreien. Doch es war ihm, als wäre er von Gott und der Welt verlassen und vergessen worden.

Viele Monate waren bereits vergangen. Der Schiffbrüchige hatte die Phase des Aufbegehrens gegenüber seinem Schicksal abgelegt und sich damit abgefunden, ohne Trost und Hilfe sein weiteres Leben fristen zu müssen.

Eines Tages war er wieder einmal auf der Suche nach Nahrung im Innern der Insel. Auf dem Rückweg zu seiner Hütte erblickte er schon von weitem Rauch. Als er näher herankam, musste er zu seinem Entsetzen feststellen, wie seine Hütte ein Raub der Flammen geworden war. Alles, was er hatte, war verbrannt.

Da fiel er in allertiefste Hoffnungslosigkeit und Traurigkeit. Er spürte, wie etwas ihn drängte, mit Gott zu hadern: „Ist das die Antwort auf meinen Glauben an deine Güte? Herr, warum beantwortest du mein Vertrauen und mein beharrliches Beten anstatt mit Hilfe mit einem weiteren, vernichtenden Unglück? Ich kenne deine Pläne nicht, möchte aber doch an dich glauben und dir vertrauen."

In seiner Betrübnis warf er sich in den Sand und weinte still vor sich hin. Als er endlich wieder das Gesicht hob, traute er seinen Augen nicht. Am Horizont tauchte ein Schiff auf, das ein Boot aussetzte und ihn an Bord holte.

Überglücklich über seine Rettung drückte er dem Kapitän die Hand und fragte: „Wie haben Sie bloß gewusst, dass ich auf dieser Insel war und sehnsüchtigst auf meine Rettung wartete?" - „Das ist ganz einfach zu erklären", erwiderte dieser, „Wir haben ihre Rauchzeichen gesehen."

Auferstehung

Niemand weiß, wie lange werden wir noch sein,
morgen oder heute holt der Tod uns ein.

Keiner kann uns helfen, jeder stirbt allein,
und es bleibt am Ende nur ein Grab, ein Stein.

Alle unsre Namen wird der Wind verwehn,
oder ruft uns einer, dass wir fortbestehn?

Kann es sein, dass Gott uns einst vom Tod befreit
und in Freude wandelt alles Menschenleid?

Ob wir dann wie Kinder vor dem Vater stehn
und mit neuen Augen seine Wunder sehn?

Werden wir dann hören, wie die Schöpfung singt,
wie das Lied der Sterne und der Blumen klingt?

Eine neue Erde, wie soll das geschehn,
dass wir unsre Lieben einmal wiedersehen?

Oder sind das Träume, die wir uns erdacht?
Wer von uns ist jemals aus dem Tod erwacht?

Wer wälzt von dem Grabe uns den schweren Stein?
Wer kann, wenn wir tot sind, uns vom Tod befrein?

Einen sah ich sterbend in das Leben gehn,
und ihm will ich glauben, dass wir auferstehn.

Lothar Zenetti

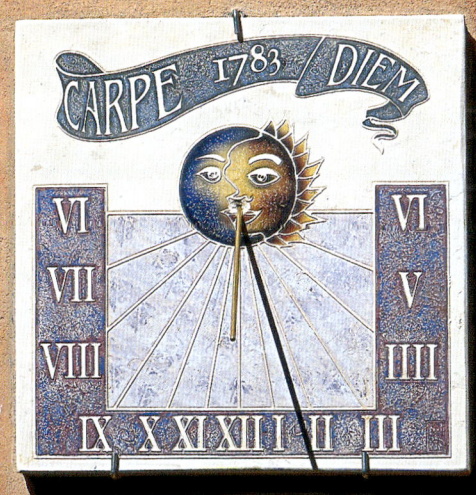

Ton und Töpfer

Ich war nicht immer eine schöne Teetasse. Ursprünglich war ich lediglich ein formloser Klumpen von durchnässtem Ton. Aber jemand legte mich auf eine Scheibe und fing an, die Scheibe so schnell zu drehen, dass mir schwindlig wurde. Während ich mich im Kreis drehte, quetschte, drückte und zerriss er mich.

Ich schrie aus: „Stopp!" Aber ich erhielt die Antwort: „Noch nicht!". Schließlich hielt er die Scheibe an und steckte mich in den Ofen. Es wurde heißer und heißer, bis ich schrie: „Stopp!"

Wiederum erhielt ich die Antwort: „Noch nicht!"

Schließlich nahm er mich aus dem Ofen und fing an, Farbe auf mich aufzutragen. Danach steckte er mich wieder in den Ofen. Der Rauch machte mich krank, und wiederum schrie ich: „Stopp!" Und einmal mehr war die Antwort: „Noch nicht!"

Dann nahm er mich aus dem Ofen und nachdem ich mich abgekühlt hatte, stellte er mich auf den Tisch vor einen Spiegel. Ich war erstaunt! Der Töpfer hatte aus einem wertlosen Tonklumpen etwas Schönes gemacht.

Lebendiges Wasser

Einen Weisen fragten einmal seine Schüler:

„Du stehst schon so lange vor diesem Fluss und schaust ins Wasser. Was siehst du denn da?"

Er wandte den Blick nicht ab von dem unablässig strömenden Wasser. Endlich sprach er: „Wohin es fließt, bringt es Leben und teilt sich aus an alle, die seiner bedürfen. Es ist gütig und freigiebig.

Die Unebenheiten des Geländes versteht es auszugleichen. Es ist gerecht. Ohne in seinem Lauf zu zögern, stürzt es sich über Steilwände in die Tiefe.

Es ist mutig. Seine Oberfläche ist glatt und ebenmäßig, aber es kann verborgene Tiefen bilden. Es ist weise. Felsen, die ihm im Lauf entgegenstehen, umfließt es.

Es ist verträglich. Aber seine sanfte Kraft ist Tag und Nacht am Werk, das Hindernis zu beseitigen.

Es ist ausdauernd. Wie viele Windungen es auch auf sich nehmen muss, niemals verliert es die Richtung zu seinem ewigen Ziel, dem Meer, aus dem Auge.

Es ist zielbewusst. Das alles", sagte der Weise, „ist es, warum ich auf das Wasser schaue."

Johannes Thiele

Die Hose

Ein Mann in besten Jahren hatte sich eine Hose gekauft. Sie gefiel ihm sehr gut, wenn auch die Hosenbeine um etwa drei Zentimeter zu lang waren.

Er dachte sich: Ich habe in meinem Haushalt drei Frauen; eine von ihnen wird die Kürzung besorgen.

Zuhause hängte er die Hose an den Haken und trug seiner Frau sein Anliegen vor. Doch diese war gerade nicht in bester Stimmung und zeigte ihm die kalte Schulter. Auch bei seiner Schwiegermutter konnte er nicht landen. Sie war in eine Lektüre vertieft und wollte sich nicht stören lassen.

Als er ihr Zimmer verließ, stieß er im Hausflur auf seine Tochter. Es sah so aus, als hätten sich die Damen abgesprochen, denn auch die Tochter erklärte, dass ihr die Sache sehr ungelegen komme, da sie gerade ausgehen wolle.

Da packte den dreimal Abgewiesenen der Zorn. Lautstark erklärte er, dass mit ihm vor Mitternacht nicht zu rechnen sei, und schlug hinter sich die Haustüre zu.

Es dauerte nicht lange, bis die Ehefrau erkannte, dass jetzt etwas geschehen muss. Unauffällig griff sie nach der Hose, nahm die Kürzung vor und hängte sie an ihren Platz zurück.

Aber auch in der Schwiegermutter wuchs die Reue. Geräuschlos schlich nun sie zur Hose und schnitt drei Zentimeter weg.

Als die Tochter gegen 23 Uhr nach Hause kam und die Hose am Haken hängen sah, da war auch sie bereit, ihre Gesinnung zu ändern.

„Jetzt wird er sich freuen", dachte sie, als sie die Arbeit beendet hatte. Und wie er sich bei seiner Rückkehr freute ...

Gänsemarsch

Die Christen leben wie Gänse auf einem Hof. An jedem
siebten Tag wird eine Parade abgehalten, und der bered-
samste Gänserich steht auf dem Zaun und schnattert
über das Wunder der Gänse, erzählt von den Taten der
Vorfahren, die einst zu fliegen wagten, und lobten die

Gnade und Barmherzigkeit des Schöpfers, der den
Gänsen Flügel und den Instinkt zum Fliegen gab.

Die Gänse sind tief gerührt, senken in Ergriffenheit die
Köpfe und loben die Predigt und den beredten Gänserich.
Aber das ist auch alles.

Eines tun sie nicht - sie fliegen nicht; sie gehen zu ihrem
Mittagsmahl. Sie fliegen nicht, denn das Korn ist gut, und
der Hof ist sicher.　　　　　　　　Sören Kierkegaard

Warum?

Warum lässt Gott das zu, dass es Jahreszeiten und Festzeiten, Saat und Ernte, Himmel und Erde, Land und Meer, Berge und Täler, Flüsse und Meere, Wege und Ziele gibt?

Warum lässt Gott das zu, dass wir atmen und essen, singen und tanzen, nehmen und geben, festhalten und

loslassen, forschen und erkennen, planen und aufbauen
können?

Warum lässt Gott das zu, dass die Erde von der Sonne
so weit entfernt ist, dass das Leben gewärmt, aber nicht
verbrannt wird, dass sich die Erde um sich selber dreht,
damit Tag und Nacht, Licht und Dunkel entstehen, dass
die Erdachse um 23 Grad geneigt ist, damit es vier Jahreszeiten gibt?

Warum lässt Gott das zu, dass sein Sohn Jesus Christus
für uns lebt, leidet, stirbt, aufersteht und wiederkommt,
damit wir nach einem erfüllten Leben hier an einem ewigen Leben dort mit Gott teilhaben dürfen?

Warum lässt Gott das zu? Weil er es gut meint! Warum
lässt Gott das zu, dass die Sonne über alle Menschen ihr
Licht verströmt, dass der Regen die Erde feuchtet, dass
Pflanzen aufwachsen und Blumen blühen, dass Bäume
leben und Früchte bringen, dass Vögel und Insekten
durch die Luft schwirren, Fische das Wasser beleben und
Menschen und Tiere die Erde bevölkern?

Warum lässt Gott das zu, dass Mann und Frau sich in der
Liebe erkennen, dass Kinder geboren und groß werden,
dass Augen sehen, Ohren hören, Hände tasten und Menschen miteinander sprechen können?

Warum lässt Gott das zu, dass Menschen denken und
arbeiten, ruhen und spielen, lieben und lachen, laufen
und leben können, dass sie Bilder malen und anschauen,
Musik machen und anhören, Bücher schreiben und lesen,
Häuser bauen und bewohnen können?

Mein Gebet

Manchmal ist mein Gebet so wie ein Arm, den ich nach oben recke, um dir zu zeigen, wo ich bin, inmitten von Milliarden Menschen.

Manchmal ist mein Gebet so wie ein Ohr, das auf ein Echo wartet, auf ein leises Wort, einen Ruf aus deinem Mund.

Manchmal ist mein Gebet wie eine Lunge, die sich dehnt, um frischen Wind in mich hineinzuholen - deinen Hauch.

Manchmal ist mein Gebet wie eine Hand, die ich vor meine Augen lege, um alles abzuschirmen, was mir den Blick verstellt.

Manchmal ist mein Gebet so wie ein Fuß, der fremden Boden prüft, ob er noch trägt, und einen Weg sucht, den ich gehen kann.

Manchmal ist mein Gebet so wie ein Herz, das schlägt, weil ohne seinen Schlag das Leben nicht mehr weitergeht.

Manchmal ist mein Gebet nur ein gebeugter Kopf vor dir - zum Zeichen meiner Not und meines Dankes an dich.

Einmal wird mein Gebet so wie ein Auge sein, das dich erblickt, wie eine Hand, die du ergreifst - das Ende aller Worte.

Paul Roth

Mama

Es war einmal ein Kind, das bereit war geboren zu werden. Das Kind fragte Gott: „Sie sagen mir, dass du mich morgen auf die Erde schicken wirst, aber wie soll ich dort leben, wo ich doch so klein und hilflos bin?"

Gott antwortete: „Von all den vielen Engeln suche ich einen für dich aus. Dein Engel wird auf dich warten und auf dich aufpassen."

Das Kind erkundigte sich weiter: „Aber sag, hier im Himmel brauche ich nichts zu tun, außer Singen und Lachen, um fröhlich zu sein."

Gott sagte: „Dein Engel wird für dich singen und auch für dich lachen, jeden Tag. Und du wirst die Liebe deines Engels fühlen und sehr glücklich sein."

Wieder fragte das Kind: „Und wie werde ich in der Lage sein, die Leute zu verstehen, wenn sie zu mir sprechen und ich die Sprache nicht kenne?"

Gott sagte: „Dein Engel wird dir die schönsten und süßesten Worte sagen, die du jemals hören wirst, und mit viel Ruhe und Geduld wird dein Engel dich lehren zu sprechen."

„Und was werde ich tun, wenn ich mit dir reden möchte?" Gott sagte: „Dein Engel wird deine Hände aneinanderlegen und dich lehren zu beten."

„Ich habe gehört, dass es auf der Erde böse Menschen gibt. Wer wird mich beschützen?" Gott sagte: „Dein Engel wird dich verteidigen, auch wenn er dabei sein Leben riskiert." „Aber ich werde immer traurig sein, weil ich dich niemals wieder sehe." Gott sagte: „Dein Engel wird mit dir über mich sprechen und dir den Weg zeigen, auf dem du immer wieder zu mir zurückkommen kannst. Dadurch werde ich immer in deiner Nähe sein."

In diesem Moment herrschte viel Freude im Himmel, aber man konnte schon Stimmen von der Erde hören und das Kind fragte schnell: „Gott, bevor ich dich jetzt verlasse, bitte sage mir den Namen meines Engels." „Ihr Name ist nicht wichtig. Du wirst sie einfach 'Mama' nennen."

Jeder auf seine Art

Es war einmal ein Gaukler, der tanzend und springend von Ort zu Ort zog, bis er des unsteten Lebens müde war. Da gab er alle seine Habe hin und trat in das Kloster zu Clairveaux ein.

Aber weil er sein Leben bis dahin mit Springen, Tanzen und Radschlagen zugebracht hatte, war ihm das Leben der Mönche fremd, und er wusste weder ein Gebet zu sprechen noch einen Psalter zu singen.

So ging er stumm umher, und wenn er sah, wie jedermann des Gebetes kundig schien, stand er beschämt dabei: Ach, er allein, er konnte nichts. „Was tu ich hier?" sprach er zu sich, „ich weiß nicht zu beten und kann mein Wort nicht machen. Ich bin hier unnütz und der Kutte nicht wert, in die man mich kleidete."

In seinem Gram flüchtete er eines Tages, als die Glocke zum Chorgebet rief, in eine abgelegene Kapelle. „Wenn ich schon nicht mitbeten kann im Konvent der Mönche", sagte er vor sich hin, „so will ich doch tun, was ich kann." Rasch streifte er das Mönchsgewand ab und stand da in seinem bunten Röckchen, in dem er als Gaukler umhergezogen war.

Und während vom hohen Chor die Psalmengesänge herüberwehen, beginnt er mit Leib und Seele zu tanzen, vor- und rückwärts, links herum und rechts herum. Mal geht er auf seinen Händen durch die Kapelle, mal

überschlägt er sich in der Luft und springt die kühnsten Tänze, um Gott zu loben.

Ein Mönch war ihm aber gefolgt und hatte durch ein Fenster seine Tanzsprünge mitangesehen und heimlich den Abt geholt. Am anderen Tag ließ dieser den Bruder zu sich rufen.

Der Arme erschrak zutiefst und glaubte, er solle des verpassten Gebetes wegen gestraft werden. Also fiel er vor dem Abt nieder und sprach: „Ich weiß, Herr, dass hier meines Bleibens nicht ist. So will ich aus freien Stücken ausziehen und in Geduld die Unrast der Straße wieder ertragen."

Doch der Abt neigte sich vor ihm, küsste ihn und bat ihn, für ihn und alle Mönche bei Gott einzustehen: „In deinem Tanze hast du Gott mit Leib und Seele geehrt. Uns aber möge er alle wohlfeilen Worte verzeihen, die über die Lippen kommen, ohne dass unser Herz sie sendet."

Der Hammer

Ein Mann will ein Bild aufhängen. Den Nagel hat er, nicht aber den Hammer.

Der Nachbar hat einen. Also beschließt der Mann, hinüberzugehen und sich den Hammer auszuborgen.

Doch da kommt ihm ein Zweifel: „Was ist, wenn der Nachbar mir den Hammer nicht leihen will? Gestern schon hat er mich nur so flüchtig gegrüßt. Vielleicht war er ja nur in Eile. Aber vielleicht hat er die Eile auch nur vorgetäuscht und er hat etwas gegen mich.

Und wenn ja, was? Ich habe ihm nichts getan; der bildet sich da etwas ein. Wenn jemand von mir ein Werkzeug borgen wollte, ich gäbe es ihm sofort. Und warum auch nicht? Wie kann man einem Mitmenschen einen so einfachen Gefallen abschlagen?

Leute wie dieser Kerl vergiften einem das Leben. Und dann bildet er sich am Ende noch ein, ich sei auf ihn angewiesen. Bloß weil er einen Hammer hat.

Jetzt reicht es mir aber wirklich!" Und so stürmt er zu seinem Nachbarn und läutet. Der öffnet und noch bevor dieser guten Tag sagen kann, schreit ihn unser Mann an:

„Behalten Sie Ihren Hammer, Sie Rüpel!"

aus Paul Watzlawick: „Anleitung zum Unglücklichsein"

Frisch gestrichen

Um 1740 suchte eine Gräfin für ihren Jungen einen Erzieher. Man empfahl ihr den später berühmt gewordenen Dichter Gellert. Die Gräfin ließ den jungen Gelehrten kommen und war tief beeindruckt von dessen schlichter Frömmigkeit und großer Klugheit. So machte sie ein Angebot großzügiger Vergütung und stellte auch sonst sehr angenehme Bedingungen.

Doch zum Schluss sagte sie: „Ich bitte mir eines aus. Sie genießen wegen Ihrer Gelehrsamkeit den besten Ruf. Ich verlange nichts weiter als einen leichten Anstrich von Sprachen, Geographie und Geschichte.

Sie genießen wegen Ihrer Frömmigkeit den besten Ruf. Machen Sie aber aus meinem Jungen keinen ständig betenden Christen. Es genügt mir vollkommen, wenn mein Sohn die zehn Gebote lernt und sonntags in die Kirche geht. Verstehen Sie mich recht, ich verlange von allem nur den rechten Anstrich!"

Gellert erwiderte ihr: „Gnädige Frau, wenn das Ihr Ernst ist, rate ich Ihnen, nehmen Sie lieber einen Anstreicher!" Er empfahl sich und ging fort.

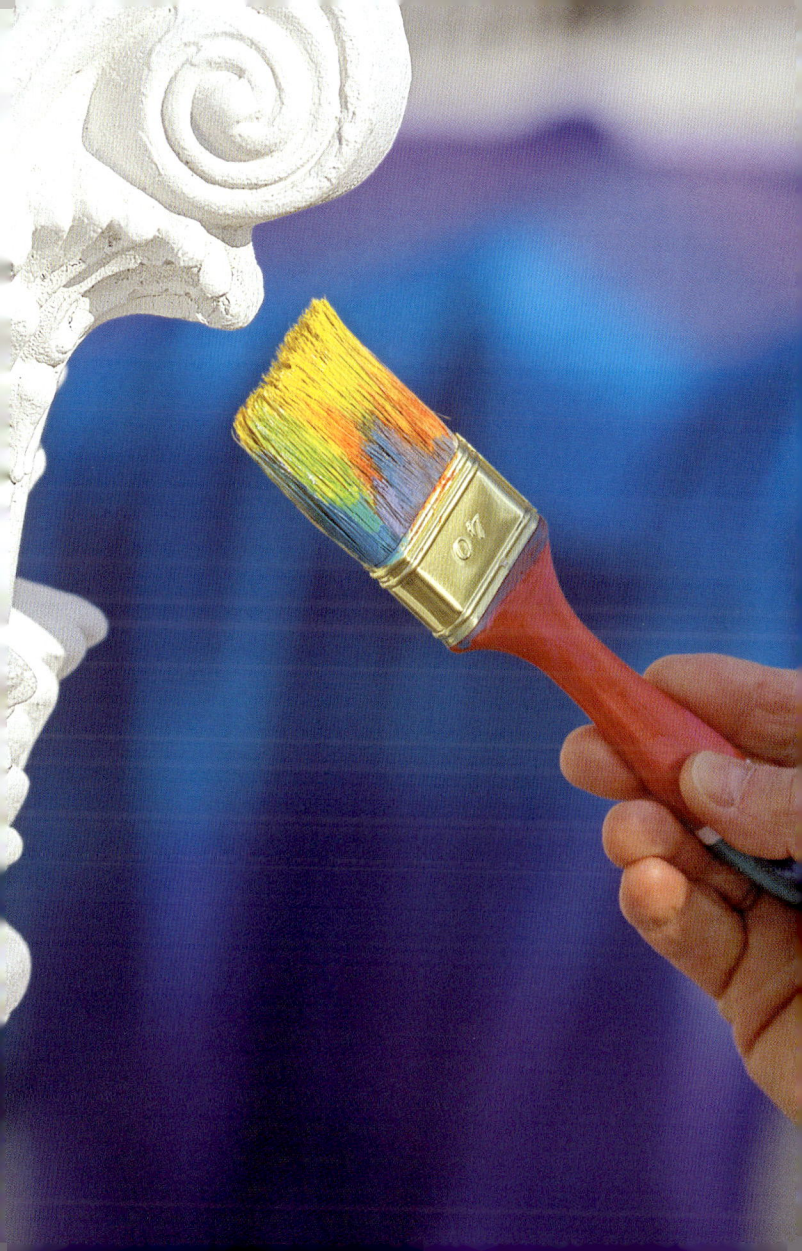

Böse Zungen

Eines Tages wurde die Nachtigall krank
und sang nicht mehr.

Da sagten die Spatzen:
„Sie ist nicht krank, sondern faul!"

Das verletzte die Nachtigall,
und sie begann wieder zu singen.

„Hatten wir nicht recht?", sagten die Spatzen.

Aber die Nachtigall
vergeudete ihre letzten Kräfte und starb.

Da sagten die Spatzen: „Warum singt sie denn,
wenn sie krank ist?"

Fabel zum Nachdenken

Das Geschenk

Ein Journalist sollte ein Interview mit einem reichen Industriellen machen. Das Gespräch zog sich bis zum späten Abend hin. So forderte der Geschäftsmann den Gast auf, die Nacht in seinem großen, weitläufigen Haus zu verbringen.

Der Journalist konnte nicht schlafen. Viele Fragen und Probleme quälten ihn. Entschlossen ging er in den Garten. Dort lag das wunderschöne Schwimmbecken. Es war ganz aus Glas. Schwimmen würde ihm guttun, dachte er. Sicher könnte er dann entspannt schlafen.

Als er vor dem Becken stand, fiel das Mondlicht über die gläsernen Wände und bildete ein riesiges helles Kreuz.

Erschrocken starrte der Journalist darauf. Plötzlich fielen ihm die biblischen Geschichten ein, die er in seiner Kindheit gehört hatte. Er dachte an die Gottesdienste, die er als Kind besucht hatte. -

Wohin hatte er sich in den Jahren seines Lebens verirrt! Wie weit hatte er sich von diesem Kreuz entfernt! Da lag es stumm vor ihm, Anklage und Angebot zugleich. Verzweiflung packte ihn. Die hellen Längs- und Querbalken brannten sich wie eine Wunde in sein Herz. Und plötzlich wusste er: Zu diesem Kreuz wollte er zurück. Nur Jesus konnte ihm die Schuld wegnehmen und ihm eine neue Chance geben.

Er dachte nicht mehr daran zu schwimmen. Er wollte sein Leben in Ordnung bringen, jetzt sofort.

Er rannte zurück in sein Zimmer, kniete vor seinem Bett nieder und betete, zum ersten Mal seit vielen Jahren. Diesem Jesus sollte jetzt sein Leben gehören. Beglückt schlief er ein.

Beim Frühstück sah ihn der Hausherr verdutzt an und fragte, warum er so von innen her leuchte. Er hätte einen ganz anderen Gesichtsausdruck. Was er denn erlebt hätte?!

Da erzählte ihm der Journalist von dem Erlebnis in der Nacht. Nachdenklich hörte der Gastgeber zu und sagte dann: „Wissen Sie, dass Gott Ihnen heute Nacht das Leben zweimal geschenkt hat?"

Fragend sah ihn der Gast an. „Ja", fuhr der Hausherr fort, „nicht nur Ihr geistliches Leben ist in dieser Nacht neu geworden. Sie haben auch Ihr körperliches Leben noch einmal empfangen. Wenn Gott nicht eingegriffen hätte, hätten Sie sich heute Nacht zu Tode gestürzt, denn in dem Schwimmbecken war kein Wasser."

Ein Lächeln genügt

Die Schüler diskutierten, was nötig ist, um die Entfernung zwischen zwei Menschen zu überbrücken.

„Wenn man miteinander an einem Tisch sitzt, isst und trinkt, dann kommmt man sich näher", sagte ein Schüler.

„Wenn man miteinander singt", schlug jemand vor.

„Eine freundliche Geste ist hilfreich", sagte ein Dritter.

„Es geht noch leichter", sagte der Meister.
„Ein Lächeln genügt."

Nasse Füße

Ein junger Mann sitzt am Straßenrand, die Bibel auf dem Schoß, und singt und lacht und jubelt. Kommt ein aufgeklärter Zeitgenosse vorbei.

„Was ist los, junger Mann? Was lesen Sie da Tolles in Ihrem Buch?"

„Ich habe gerade gelesen, dass Gott vor den Israeliten das Meer geteilt hat!", strahlt der. „Dass das Wasser wie eine Mauer zur Rechten und zur Linken gestanden hat! Und dass sie sicher und trockenen Fußes am anderen Ufer angekommen sind! Gott ist groß! Halleluja!"

„Mal langsam!", mahnt der aufgeklärte Zeitgenosse. „Das Meer war an dieser Stelle höchstens 30 Zentimeter tief. Da war's nicht so schwer für Ihren Gott, die Leute ans andere Ufer zu bringen!" Und er lässt einen traurigen jungen Mann zurück. Der liest weiter und singt und lacht und jubelt plötzlich noch lauter.

„Stellen Sie sich vor", ruft er dem aufgeklärten Zeitgenossen hinterher, „Gott hat in 30 Zentimeter tiefem Wasser eine ganze ägyptische Armee ertrinken lassen!"

Jürgen Werth

Die drei Söhne

Drei Frauen wollten am Brunnen Wasser holen.

Nicht weit davon entfernt saß ein Greis und hörte zu, wie die Frauen ihre Söhne lobten. „Mein Sohn", sagte die erste, „ist so geschickt, dass er alle hinter sich lässt ..." - „Mein Sohn", meinte die zweite, „hat die Stimme einer Nachtigall. Wenn er singt, schweigen alle Leute und bewundern ihn." Die dritte Frau schwieg.

„Warum sagst du denn gar nichts?", fragten die beiden anderen. „Ich wüsste nicht, womit ich ihn loben könnte", entgegnete sie. „Mein Sohn ist ein gewöhnlicher Junge und hat nichts Besonderes an sich. Aber ich hoffe, er wird einmal im Leben seinen Mann stehen." Die Frauen füllten ihre Eimer und machten sich auf den Heimweg. Der Greis ging langsam hinter ihnen her.

Die Eimer waren schwer und die abgearbeiteten Hände schwach. Deshalb machten die Frauen eine Ruhepause, denn der Rücken tat ihnen weh. Da kamen ihnen drei Knaben entgegen.

Der erste stellte sich auf die Hände und schlug Rad um Rad. „Welch ein geschickter Junge!", riefen die Frauen. Der zweite stimmte ein Lied an, und die Frauen lauschten ihm mit Tränen in den Augen. Der dritte Junge lief zu seiner Mutter, ergriff wortlos die beiden Eimer und trug sie heim.

Die Frauen wandten sich an den Greis und fragten: „Was sagst du zu unseren Söhnen?" „Eure Söhne?", entgegnete der Greis verwundert, „ich habe nur einen einzigen Sohn gesehen!"   Leo N. Tolstoi

Vernünftig

Packeis und Wüstensand hatten sich ineinander verliebt und überlegten zu heiraten.

„Sei vernünftig!", beschworen seine Freunde den Wüsten-sand, „das Eis wird dich binden und das herumtreiben im Wind wird dir fehlen."

„Sei vernünftig!", beschwor auch die Mutter das Packeis, nichts wird mehr sein wie es mal war. Der warme Sand wird dich völlig vereinnahmen."

Beide taten es dennoch und gemeinsam brachten sie die Wüste zum Blühen.

Armin Kaupp

Die Rose

Von Rainer Maria Rilke gibt es aus der Zeit seines ersten Pariser Aufenthaltes diese Geschichte:

Gemeinsam mit einer jungen Französin kam er um die Mittagszeit an einem Platz vorbei, an dem eine Bettlerin saß, die um Geld anhielt. Ohne zu irgendeinem Geber je aufzusehen, saß die Frau immer am gleichen Ort. Rilke gab nie etwas; seine Begleiterin gab häufig ein Geldstück.

Eines Tages fragte die Französin verwundert nach dem Grund, warum er nichts gebe, und Rilke gab zur Antwort: „Wir müssten ihrem Herzen schenken, nicht ihrer Hand."

Wenige Tage später brachte Rilke eine eben aufgeblühte Rose mit, legte sie in die offene, abgezehrte Hand der Bettlerin und wollte weitergehen.

Da geschah etwas Unerwartetes: Die Bettlerin blickte auf, sah den Geber, erhob sich mühsam von der Erde, tastete nach der Hand des fremden Mannes, küsste sie und ging mit der Rose davon.

Eine Woche lang war die Alte verschwunden. Nach acht Tagen saß sie plötzlich wieder wie früher am gewohnten Platz. Sie war stumm wie damals.

„Aber wovon hat sie denn all die Tage, da sie nichts erhielt, nur gelebt?", fragte die Französin. Rilke antwortete: „Von der Rose ..."

Rainer Maria Rilke

Urlaubserinnerungen

Eine Familie mit drei kleinen Kindern war glücklich, ein paar Ferientage am Strand verbringen zu können. Sie tummelten sich in den Wellen, bauten Sandburgen, sammelten Muscheln und ließen Drachen steigen.

Die Kinder spielten gerade beim Wasser, als eine alte Frau in zerlumpten Kleidern sich ihnen langsam näherte. Immer wieder bückte sich die Alte, hob laut vor sich hinmurmelnd etwas vom Boden auf, das sie in einen Plastikbeutel steckte.

Besorgt riefen die Eltern die Kinder zu sich und verlangten, dass sie sich von der wunderlichen Frau fernhielten. Doch die kam nun, immer wieder etwas auflesend, auch auf die Familie zu. Und während sie sich wieder bückte, um etwas aus dem Sand aufzuheben, lächelte sie die Leute mit ihrem zahnlosen Mund an.

Doch die erwiderten ihren stummen Gruß nicht.

Abends auf dem Zeltplatz erfuhren sie von den Nachbarn, dass die alte Frau eine verarmte Witwe aus dem Dorf sei, die es sich zur Aufgabe gemacht hatte, Glasscherben und Trinkdosenverschlüsse aus dem Sand aufzusammeln, damit sich niemand am Fuß verletze.

Wahre Schönheit

Eine erfolgreiche Kosmetikfirma bat die Bewohner einer großen Stadt, Fotos von den schönsten Frauen einzusenden, die sie kennen, mit einer kurzen Erklärung dazu.

Innerhalb weniger Wochen trafen Tausende von Briefen ein. Einer fiel den Mitarbeitern besonders auf, und bald darauf landete er auf dem Schreibtisch des Chefs. Der Brief stammte von einem kleinen Jungen, der offenbar in schwierigen Familienverhältnissen aufwuchs.

In einem Ausschnitt des Briefes hieß es: „Eine wunderschöne Frau wohnt am Ende unserer Straße. Ich besuche sie jeden Tag. Bei ihr fühle ich mich wie das wichtigste Kind auf der ganzen Welt. Sie hört mir zu, wenn ich von meinen Problemen erzähle. Sie versteht mich, und wenn ich nach Hause gehen muss, ruft sie mir hinterher, dass sie stolz auf mich ist." Der Junge beendet den Brief mit den Worten: „Dieses Bild zeigt Ihnen, dass sie die allerschönste Frau ist. Ich hoffe, dass ich mal eine Frau heirate, die so schön ist wie sie."

Beeindruckt von dem Brief, fragte der Chef nach dem Bild der Frau. Seine Sekretärin reichte ihm das Foto einer älteren Frau mit runzeligem Gesicht und spärlichem grauen Haar, die in einem Rollstuhl saß.

„Diese Frau können wir nicht gewinnen lassen", erklärte der Firmenchef. „Sie würde der ganzen Welt beweisen, dass unsere Produkte nicht nötig sind, um schön zu sein."

Carla Muir

Der rote Regenschirm

Als die Trockenheit schon, wie es schien, eine Ewigkeit andauerte, wusste die kleine Gemeinde von Bauern aus dem Mittelwesten nicht mehr, was sie tun sollte. Der Regen war nicht nur für die Ernte wichtig, sondern auch für das tägliche Leben der Dorfbewohner.

Als das Problem immer drängender wurde, beschloss die örtliche Gemeinde, sich einzuschalten. Eine Gebetsversammlung wurde einberufen, in der um Regen gebetet werden sollte. In Erinnerung an ein altes Ritual kamen die Leute ins Gemeindehaus.

Der Pastor beobachtete, wie immer mehr Gemeindemitglieder eintrafen. Sie plauderten fröhlich miteinander, während er von Gruppe zu Gruppe schlenderte und die einzelnen begrüßte und sich so langsam nach vorne arbeitete, um mit der Gebetsversammlung zu beginnen.

Vorne angekommen überlegte der Pastor, wie er die Menge zum Schweigen bringen könnte. Als er gerade das Wort ergreifen wollte, fiel sein Blick auf ein elfjähriges Mädchen in der ersten Reihe. Sie strahlte vor Aufregung. Neben ihr lag ein roter Regenschirm für den Heimweg bereit.

Die Schönheit und Unschuld dieses Augenblicks brachte den Pastor zum Lächeln, während er über den Glauben dieses kleinen Mädchens nachdachte, der sich so von dem der übrigen Menschen im Raum unterschied.

Denn die anderen waren gekommen, um für den Regen zu beten. Das Mädchen war gekommen, um Gottes Antwort mitzuerleben.   Tania Gray

Das Adlerküken, das sich für ein Huhn hielt

Ein Bergsteiger entdeckte ein verlassenes Adlernest, in dem noch ein Ei lag. Er nahm es behutsam heraus und vertraute es daheim einem Bauern an, in der Hoffnung, eine Henne könne es ausbrüten.

Es dauerte nicht lange, und zusammen mit etlichen Hühnerküken kam auch das Adlerküken zur Welt. Die Henne nahm sich seiner genau wie aller ihrer anderen Nachkömmlinge an und zog es groß. Eines Tages sah es einen Adler über dem Himmel seine Kreise ziehen. Da sagte es zu den anderen:

„Wenn ich groß bin, will ich wie dieser Vogel fliegen." Die anderen lachten es aus und sagten: „Du bist doch ein Huhn wie wir!" Da schämte sich das Adlerküken, benahm sich weiter wie ein Huhn und pickte bescheiden seine Körner.

Als der Bauer sah, dass es schon fast ausgewachsen war, wollte er es zum Fliegen bringen. Er ergriff es mit beiden Händen und warf es in die Höhe. Aber in seiner Überzeugung, es könne überhaupt nicht fliegen, öffnete das Adlerjunge gar nicht seine Flügel.

Es stürzte unbeholfen zu Boden und zog sich das Gelächter des ganzen Hühnerhofs zu. Ein wenig später machte der Bauer einen zweiten Versuch. Dieses Mal stieg er mit dem Adlerjungen auf das Dach der Scheune, warf es in die Tiefe und rief ihm nach:

„Fliege, du bist ein Adler!" Da entfaltete der Vogel ängstlich seine Flügel - und tatsächlich: Sie trugen ihn.

Er kreiste einige Male über dem Hühnerhof und flog dann in Richtung Gebirge davon.

Ein Sonnenblumenkern sollte mit vielen anderen in die Erde gesenkt werden. Das wollte er aber nicht. Er entwischte der Hausfrau in einem günstigen Moment und versteckte sich unter einem Schrank.

„Man darf nicht immer über sich verfügen lassen", sagte der Kern und fristete nun ein recht unruhiges Leben unter dem Schrank.

Im Kampf um sein Leben – er war ja immer auf der Flucht vor Besen und Putzlappen, wenn diese unter den Schrank fuhren – hatte er manche Not zu bestehen. Aber was tat's, er war dabei doch sein eigener Herr. Bis zum herbstlichen Hausputz!

Da wurde er entdeckt und als wertloser Kern auf den Abfallhaufen am Gartenzaun geworfen.

„Man hat mich in meinem Wert völlig verkannt", sagte der Sonnenblumenkern zu den welken Rosenblättern auf dem Komposthaufen. „Ich gehöre nicht hierher: Ich habe wertvolle Öle in mir!" – Da neigte sich eine große, goldgelbe Blütensonne zu ihm herab.

„Wer bist du?", schrie der kleine Kern ganz hingerissen von so viel Schönheit. „Eine Sonnenblume! Ich wurde als Samenkorn vor Monaten in die Erde gelegt."

„Ich will auch in die Erde", rief der Kern. „Ich will auch!" „Zu spät! Die Saatzeit ist vorbei und dein Leben vertrocknet", sagte die Sonnenblume und wandte ihr schönes Blumengesicht mit der reifenden Frucht darin dem Licht zu.

Aufblühen
und
ausreifen

Ein sehr persönliches Buch

In einer Fußgängerzone von Paris hat die französische Bibelgesellschaft einen Stand aufgebaut. Den Vorübergehenden werden Bibeln angeboten. Da kommt eine Gruppe junger Leute heran, die den Mitarbeiter hinter dem Bibelstand verspotten: „Bau deinen Laden ab! Das alte Buch ist längst überholt. Das liest doch niemand mehr!"

Der Bibelmissionar nimmt sich den Anführer der Gruppe vor und sagt ganz freundlich zu ihm: „Das will ich dir sagen, in diesem Buch redet Gott persönlich mit dir!" „Was, mit mir? Das ist ja zum Lachen.

Gib her dein Buch, das will ich sehen!" Der junge Spötter, mit Namen Philippe, greift sich eine Bibel, schlägt sie wahllos auf, liest einen Satz, wird kreidebleich und legt sie schweigend zurück.

„Was ist, Philippe?" rufen die Kameraden. Er hatte aus Johannes 14, den 9. Vers gelesen:

„Jesus spricht: So lange bin ich bei euch gewesen, und du kennst mich nicht, Philippe?"

Geteilte Freude

Ein Landwirt kommt zum Kloster. In der Hand hat er eine große Weintraube mit herrlich blauen saftigen Beeren.

„Bruder Pförtner, ich habe die schönste Weintraube aus meinem Weinberg mitgebracht. Raten Sie mal, wem ich damit eine Freude machen will?"

„Wahrscheinlich dem Abt oder sonst einem Pater. Ich weiß es nicht." - „Nein, Ihnen!" „Mir? Sie haben an mich gedacht?" Er findet kaum Worte. Die Freude, die der Landwirt im Gesicht des anderen sieht, macht ihn selbst froh.

Der Bruder Pförtner legt die Weintraube vor sich hin. Ach, die ist viel zu schön, um etwas davon abzupflücken. Den ganzen Vormittag freut er sich an ihrem Anblick.

Dann hat er eine Idee: Wenn ich die jetzt unserem Vater Abt schenke, was für eine Freude wird der haben! Und er gibt die Traube weiter.

Der Abt freut sich wirklich. Als er abends einen kranken Pater in seinem Zimmer besuchen will, kommt ihm der Gedanke: Den kannst du sicher mit dieser Traube froh machen. Die Traube wandert weiter. Schließlich bringt sie ein Mönch wieder zum Bruder Pförtner, um ihm einmal eine Freude zu machen.

So hat sich der Kreis geschlossen, ein Kreis der Freude. Die Seele nährt sich von dem, worüber sie sich freut.

Augustinus

Zum Helfen geschaffen

Es war vor langer Zeit, da sah ein Mann im Wald einen Fuchs, der alle vier Beine verloren hatte. Und er wunderte sich sehr, dass das Tier noch lebte.

Doch dann erblickte er einen Tiger, der Wild gerissen hatte. Nachdem er sich sattgefressen hatte, überließ er den Rest seiner Beute dem beinlosen Fuchs. Anderntags ernährte Gott den Fuchs abermals mit Hilfe des Tigers.

Der Mann war erstaunt über die Güte und Sorge Gottes gegenüber dem beinlosen Fuchs. Bei sich sagte er:

Auch ich werde mich in einer gemütlichen Ecke ausruhen und den Herrn bitten, mir das Nötige zu besorgen. Wenn ich nur Vertrauen habe, dann wird es schon klappen.

Viele Tage vergingen, aber es geschah nichts, überhaupt nichts, und der Mann saß immer noch in seiner Ecke.

Er war dem Hungertod nahe. Da hörte er eine Stimme: „Du da, du bist auf dem falschen Weg! Öffne deine Augen für die Wahrheit. Spiel nicht länger Blindekuh. Folge dem Beispiel des Tigers und nimm dir nicht länger den behinderten Fuchs zum Vorbild!"

Der arabische Mystiker, der uns diese Fabel zuerst erzählt hat, traf später auf der Straße ein kleines frierendes Mädchen, zitternd in einem dünnen Kleid, ohne jede Hoffnung, etwas Warmes zu essen zu bekommen.

Da wurde er zornig und er beklagte sich bei Gott: „Wie kannst du das zulassen? Den Fuchs erhältst du am Leben, aber dieses kleine Wesen, das lässt du zugrunde gehen? Warum tust du nichts dagegen?"

Eine Zeit lang sagte Gott nichts. Aber in der Nacht antwortete er dem Mystiker: „Ich habe etwas dagegen getan, ich habe dich geschaffen!"

Alle an einem Strang

Sechs Freunde gingen aufs Feld, um zu jagen. Der eine hieß Nase, der andere Ohr, der dritte Auge. Und da waren noch die Freunde Hand, Fuß und Magen. Diese sechs gingen zur Jagd; denn sie waren sehr hungrig.

Plötzlich rief der Freund Ohr: „Halt, ich habe etwas gehört, es kommt aus der Richtung des großen Baumes." Die

Freunde hielten inne, aber Freund Auge sagte: „Ich kann nichts sehen, es ist noch zu dunkel." Leise gingen die sechs Freunde weiter. Da rief Freund Nase: „Es muss aus dieser Richtung kommen. Ich kann es riechen." Und vorsichtig trug Freund Fuß die Gruppe in die bezeichnete Richtung.

„Still", flüsterte das Auge, „ich kann etwas sehen", und gleich blieb Freund Fuß stehen, und Freund Hand umfasste fest den Speer und wartete auf genauere Anweisungen. Diese gab Freund Auge, und schnell reagierte Freund Hand mit einem geschickten Wurf. Er hatte Erfolg. Nun konnten die Freunde sich sättigen.

Aber plötzlich entstand ein großer Streit zwischen den Freunden. Wer hatte denn nun das Besitzrecht über diese Beute? Wer konnte nun bestimmen, wer und was die einzelnen von der Mahlzeit abbekommen sollten?

„Ich war der Erste", sagte Freund Ohr und forderte dieses Recht für sich. „Nein, ich habe das Recht", sagte die Nase. Und so ging der Streit weiter. Schließlich fielen sie alle erschöpft zu Boden; ihre Kräfte hatten sie verlassen. Da sagte Freund Magen: „Ich mache euch einen Vorschlag: Gebt mir die Beute, ich will sie essen, und ich verspreche euch, es soll euch bald wieder besser gehen."

Die Freunde waren so schwach, dass sie diesem Vorschlag nicht widersprechen konnten, und so verzehrte der Magen die ganze schöne Beute. Aber seine Freunde spürten bald, wie mit jedem Happen, den der Magen verzehrte, die Kräfte in sie zurückkehrten.   (aus Zaire)

Geduld

Zu Mark Twain kam einmal ein 17-Jähriger und erklärte:

„Ich verstehe mich mit meinem Vater nicht mehr. Jeden Tag Streit. Er ist so rückständig, hat keinen Sinn für moderne Ideen. Was soll ich machen? Ich hau ab!"

Mark Twain antwortete: „Junger Freund, ich kann Sie gut verstehen. Als ich 17 Jahre alt war, war mein Vater genauso ungebildet. Es war kaum zum Aushalten. Aber haben Sie Geduld mit so alten Leuten. Sie entwickeln sich langsamer.

Nach 10 Jahren, als ich 27 war, da hatte er so viel dazu-gelernt, dass man sich schon ganz vernünftig mit ihm unterhalten konnte. Und was soll ich Ihnen sagen? Heute, wo ich 37 bin - ob Sie es glauben oder nicht - wenn ich keinen Rat weiß, dann frage ich meinen alten Vater.

So können die sich ändern!"

Geteilte Not

Hoch im Norden zwischen Finnlands Mooren lag das Gütchen eines alten Bauern. Fleißig brach sein Arm den kargen Boden. Und zum Himmel flehte er um Wachstum. Er zog Gräben, pflügte und säte.

Als der Lenz das Feld vom Schnee befreite, schwemmte er die Hälfte der Saat mit. Als der Sommer kam mit Hagelschauern, lagen viele Halme auf dem Boden. Als der Herbst kam, nahm die Kälte den Rest. Die Frau des Bauern rief verzweifelt: „Oh wir armen, ganz verlassenen Menschen! Not ist bitter, doch verhungern ist schlimmer!"

Aber er nahm ihre Hand und sagte: „Prüfen will der Herr uns, nicht verstoßen! Misch zur Hälfte Rinde in das Brotmehl. Ich will doppelt fleißig Gräben ziehen und zum Herrn flehen um Wachstum."

Da buk die Frau zur Hälfte Rinde in das Brot. Doppelt fleißig zog der Alte Gräben, tauschte Schafe gegen Korn und säte.

Als der Lenz das Feld vom Schnee befreite, schwemmte er diesmal nichts von der Saat mit. Als der Sommer kam mit Hagelschauern, lag jedoch das halbe Feld zerschmettert. Als der Herbst kam, nahm die Kälte den Rest.

Die Frau des Bauern klagte: „Oh wir armen, ganz verlassenen Menschen. Lass uns sterben, denn Gott hat uns verstoßen. Tod ist bitter, aber schwerer ist es zu leben!"

Doch der Bauer nahm ihre Hand und sagte: „Prüfen will der Herr uns, nicht verstoßen. Mische doppelt Rinde in das Brotmehl! Ich will doppelt lange Gräben ziehen. Und zum Himmel wollen wir flehen um Wachstum." Die Frau buk doppelt Rinde in das Brotmehl, doppelt lange Gräben zog der Alte. Er tauschte Kühe gegen Korn und säte.

Als der Lenz das Feld vom Schnee befreite, schwemmte er auch diesmal keine Saat mit. Als der Sommer kam mit Hagelschauern, schlug er keinen einzigen Halm zu Boden. Und im Herbst verschonte der Frost den Acker und ließ ihn stehen im Gold bis zu der Ernte.

Da fiel der Bauer auf die Knie und sagte: „Prüfen wollte Gott uns, nicht verstoßen!" Und die Frau sank auf die Knie und sagte: „Prüfen wollte Gott uns, nicht verstoßen!" Und voll Freude bat sie den Alten: „Nun greife stark und froh zur Sense. Leichte Tage sind gekommen. Jetzt ist's Zeit, die Rinde wegzuwerfen und das Brot aus reinem Korn zu backen."

Da nahm der Bauer die Hand der Frau und sagte: „Frau, Frau, nur die bestehen die Prüfung, die den armen Bruder nicht vergessen. Misch zur Hälfte Rinde in das Brotmehl, denn erfroren ist des Nachbarn Ernte!"

Gottvertrauen

Ein Hütejunge trieb eine Herde jämmerlich anzusehender Kamele zur Tränke. Alle Tiere waren krumm und gebrechlich, einige hinkten und ihre Felle waren mit Schrunden übersät.

Einem Schriftgelehrten, der vorüber kam, ging der Anblick der armen Kreaturen zu Herzen.

„Warum lässt du deine Tiere leiden und verschaffst dir kein Mittel, das deine Kamele heilt?", rief er dem Hirten zu.

„Meine Mutter ist eine sehr fromme und gottesfürchtige Frau. Wir vertrauen darauf, dass ihre Gebete und ihr Segen den Tieren helfen wird."

Der Schriftgelehrte schüttelte den Kopf. „Mein lieber Junge, mische unter die Gebete deiner Mutter etwas Salbe und heilende Kräuter und lege sie auf die Wunden deiner Tiere. Und glaube mir, es kann nicht schaden, wenn du Gott bei seiner Hilfe etwas unterstützt."

Schönen Gruß von Gott

Zu Beginn des 20. Jahrhunderts lebte im Schwabenland ein Grobschmied mit dem Namen Huschwadel. Der war stark wie ein Bär und hatte große Hände. Wenn er mit leeren Händen durch die Straßen ging, meinte man, er trüge zwei Handkoffer.

Als Geselle begab er sich auf die Wanderschaft und kam in ein kleines Städtchen in Thüringen. Dort suchte er sich Arbeit, und auf dem Weg zur Herberge sah er ein Plakat:

„Heute Abend um 20 Uhr spricht Herr Professor X aus Berlin im Hinterstübchen des 'Ochsen' zu dem Thema: Warum es Gott nicht geben kann!"

Huschwadel denkt bei sich: „Warum es Gott nicht geben kann? Ich habe doch eben noch mit ihm gesprochen!"

So findet er sich interessiert um 20 Uhr im Hinterstübchen des „Ochsen" ein und muss mit anhören, wie ein kleiner Mann aus Berlin eine ganze Stunde lang in der lästerlichsten Weise über Gott herzieht. Seine Schimpf- und Spottreden gipfeln in dem Satz: „Liebe Leute, wenn es Gott wirklich gäbe, dann müsste er nach so viel Hohn und Spott jetzt einen Engel schicken, der mir vor Ihren Augen eine Ohrfeige gibt."

Huschwadel erhebt sich, geht in aller Ruhe auf die Bühne und sagt: „Einen schönen Gruß von Gott, für solche Banausen wie dich schickt Gott keine Engel, das kann der Huschwadel auch besorgen!" Und dann legt er ihm die Hand an die Backe. Denn wenn er zugehauen hätte, wäre der Mann wohl hingewesen.

Das wünsch ich mir

Bewahre mich vor der schrecklichen Angewohnheit zu glauben, dass ich mich notwendigerweise zu jeder Sache bei jeder Gelegenheit äußern muss.

Befreie mich von dem Zwang, dass ich versuche, die Angelegenheiten aller anderen Menschen zu ordnen. Mache mich bedachtsam, jedoch nicht pessimistisch, hilfsbereit, jedoch nicht aufdringlich.

Mache mich frei davon, alle Details aufzählen zu wollen und gib mir die Fähigkeit, rasch zur Sache zu kommen.

Lass mich nicht von meinen Kümmernissen und Schmerzen sprechen, sie nehmen zu, so wie auch das Verlangen, darüber zu klagen, größer wird, je mehr die Jahre dahingehen.

Ich wage nicht, um die Gnade zu bitten, dass ich das Reden anderer über ihr Weh gern anhöre, aber hilf mir, es in Geduld zu ertragen.

Ich wage nicht, um ein besseres Gedächtnis zu bitten, aber um weniger Selbstsicherheit, wenn meine Erinnerungen im Widerspruch zu denen anderer zu stehen scheinen.

Lehre mich die gesunde Erkenntnis, dass auch ich mich ab und zu irren kann.

Gib mir die Gabe, Positives zu sehen, wo ich es nicht erwartet habe, und gute Seiten bei Menschen zu finden, bei denen ich es nicht für möglich hielt; und gib mir schließlich auch die Gelegenheit, es ihnen zu sagen.

Finden

Ein Schüler kam zum Meister, um Abschied zu nehmen.

„Warum willst du uns verlassen und wohin willst du gehen?", fragte der Meister.

„Ich will einfach unterwegs sein, egal wohin, um mich selbst zu finden", erwiderte der Schüler.

„Aber warum glaubst du, dich woanders finden zu können als dort, wo du dich verloren hast? Habe ich dir nicht von dem Manne erzählt, der seinen verlorenen Schlüssel suchte?

Jemand wollte ihm behilflich sein und fragte, wo er ihn denn verloren hätte, und der Sucher antwortete ihm, dort bei der Tür habe er den Schlüssel verloren.

Verwundert fragte der hilfsbereite Mann, warum er denn aber hier bei der Laterne suche, statt dort bei der Tür. Und der Sucher antwortete ihm, weil hier mehr Licht sei.

Du gleichst jenem Sucher. Besser ist es, dort zu suchen, wo du es verloren hast - ganz gleich, wie dunkel es dort ist."

Die Welt verändern

Ein Weiser erzählt:

„In meiner Jugend war ich Revolutionär, und mein einziges Gebet zu Gott lautete: ‚Herr, gib mir die Kraft, die Welt zu ändern.'

Als ich die mittleren Jahre erreichte und merkte, dass die Hälfte meines Lebens vertan war, ohne dass ich eine einzige Seele geändert hätte, wandelte ich mein Gebet ab und bat:

‚Herr, gib mir die Gnade, alle jene zu verändern, die mit mir in Berührung kommen. Nur meine Familie und Freunde, dann bin ich schon zufrieden.'

Nun, da ich ein alter Mann bin und meine Tage gezählt sind, beginne ich einzusehen, wie töricht ich war. Mein einziges Gebet lautet nun:

‚Herr, gib mir die Gnade, mich selbst zu ändern.'

Wenn ich von Anfang an darum gebetet hätte, wäre mein Leben nicht vertan."

Jeder möchte die Menschheit ändern, kaum jemand denkt daran, sich selbst zu ändern.

Anthony de Mello

Liebe bewahrt

Ein Tibetmissionar erzählt, dass er mit einem Tibetaner zusammen auf einer Wanderung in dem unwegsamen Gebirgsland am Himalaja in einen gefährlichen Schneesturm geriet. Mühsam kämpften sich die beiden Männer durch den immer höher werdenden Schnee, als sie einen Mann fanden, der im Schnee einen Abhang hinuntergestürzt war.

Der Missionar wollte dem Verunglückten helfen, der Begleiter lehnte das energisch ab: „Wir sind selbst in Lebensgefahr, da können wir uns nicht noch mit einem Verunglückten befassen.

Wir werden am Ende alle drei umkommen. Ich will mein eigenes Leben retten!" Er stapfte los.

Der Missionar hob den Bewusstlosen auf und trug ihn mühsam auf seinem Rücken. Durch die Anstrengung wurde ihm warm, und die Wärme seines Körpers übertrug sich auf den anderen.

Der kam wieder zu sich, und nun kämpften sich die beiden in einer langen und beschwerlichen Wanderung nach Hause durch.

Aber vorher sahen sie den früheren Begleiter im Schnee liegen. Müde, wie er war, hatte er sich im Schnee niedergelegt und war erfroren. - Der Missionar schließt seinen Bericht mit dem Satz: „Ich wollte einen anderen Menschen retten und habe dabei mein eigenes Leben bewahrt!"

Der Schlüssel zur Freiheit

Es war einmal ein Edler, des Freunde und Angehörige durch ihren Leichtsinn um ihre Freiheit gekommen waren und in fremdem Lande in harte Gefangenschaft geraten waren.

Er konnte sie in solcher Not nicht wissen und beschloss, sie zu befreien. Das Gefängnis war fest verwahrt und von inwendig verschlossen, und niemand hatte den Schlüssel.

Als der Edle sich ihn nach vieler Zeit und Mühe zu verschaffen gewusst hatte, band er dem Kerkermeister die Hände und Füße und reichte den Gefangenen den Schlüssel durchs Gitter, dass sie aufschlössen und mit ihm heimkehrten.

Die aber setzten sich hin, den Schlüssel zu besehen und darüber zu ratschlagen. Es wird ihnen gesagt, der Schlüssel sei zum Aufschließen, und die Zeit sei kurz. Sie aber blieben dabei, zu besehen und zu ratschlagen. Und einige fingen an, an dem Schlüssel zu meistern und daran ab- und zuzutun.

Und als er nun nicht mehr passen wollte, waren sie verlegen und wussten nicht, wie sie mit ihm tun sollten.

Die andern aber hatten ihren Spott und sagten, der Schlüssel sei gar kein Schlüssel, und man brauche auch keinen.

Matthias Claudius

Spuren des Höchsten

Ein französischer Wissenschaftler durchstreifte die Wüste. Als Führer durch die ihm unbekannte Gegend nahm er einen Eingeborenen mit.

Als die Sonne unterging, kniete sich der junge Mann nieder, um zu beten. „Was machst Du da?", fragte der Gelehrte erstaunt. „Ich bete." – „Zu wem?" – „Zum Höchsten." – „Zu Gott?" – „Ja." – „Hast Du Gott denn jemals gesehen?" – „Nein." – „Dann bist Du ein Narr!"

Als der Wissenschaftler am nächsten Morgen aus seinem Zelt kriecht, meint er zu dem Eingeborenen: „Hier ist heute Nacht ein Kamel gewesen. – „Haben Sie es gesehen?" – „Nein." – „Dann sind Sie aber ein merkwürdiger Forscher! Sie glauben daran, dass das Kamel hier war, ohne es gesehen zu haben?"

Der Franzose verteidigt sich: „Aber man sieht doch hier rings um das Zelt die Fußspuren des Kamels." Kurz darauf geht die Sonne auf in ihrer Pracht. Der gläubige Mann zeigt in ihre Richtung und sagt: „Hier sehen Sie die Fußspuren des Höchsten!"

Das Wagnis des Glaubens

Eines Nachts brach in einem Haus ein Brand aus. Während die Flammen hervorschossen, rannten Eltern und Kinder aus dem Haus. Entsetzt sahen sie dem Schauspiel dieses Brandes zu.

Plötzlich bemerkten sie, dass der Jüngste, ein fünf-jähriger Junge, fehlte. Er hatte sich im Augenblick der Flucht vor Rauch und Flammen gefürchtet und war in den oberen Stock geklettert.

Die Menschen schauten einander ratlos an, denn es gab keine Möglichkeit, sich in das brennende Haus zu wagen.

Da öffnete sich oben ein Fenster. Das vermisste Kind rief um Hilfe.

Sein Vater sah es und schrie ihm zu: „Spring!"

Das Kind sah nur Rauch und Flammen. Es hörte aber die Stimme des Vaters und antwortete: „Vater, ich sehe dich nicht, ich höre dich nur!"

Der Vater rief ihm zu: „Aber ich sehe dich, und das genügt, spring!"

Das Kind sprang und fand sich heil und gesund in den Armen seines Vaters, der es mit Hilfe der Feuerwehrleute in einem großen Tuch aufgefangen hatte.

Im Leuchten sich verzehren

Jetzt habt ihr mich entzündet und schaut in mein Licht.
Ihr freut euch an meiner Helligkeit, an der Wärme, die ich
spende. Und ich freue mich, dass ich für euch brennen
darf.

Wäre dem nicht so, läge ich vielleicht irgendwo in einem alten Karton - sinnlos, nutzlos. Sinn bekomme ich erst dadurch, dass ich brenne.

Aber je länger ich brenne, desto kürzer werde ich. Ich weiß, es gibt immer beide Möglichkeiten für mich:

Entweder bleibe ich im Karton - unangerührt, vergessen, im Dunkeln - oder aber ich brenne, werde kürzer, gebe alles her, was ich habe, zugunsten des Lichtes und der Wärme. Somit führe ich mein eigenes Ende herbei. Und doch, ich finde es schöner und sinnvoller, etwas hergeben zu dürfen, als kalt zu bleiben und im düsteren Karton zu liegen ... Schaut, so ist es auch mit euch Menschen!

Entweder ihr zieht euch zurück, bleibt für euch - und es bleibt kalt und leer-, oder ihr geht auf die Menschen zu und schenkt ihnen von eurer Wärme und Liebe, dann erhält euer Leben Sinn. Aber dafür müsst ihr etwas in euch selbst hergeben, etwas von eurer Freude, von eurer Herzlichkeit, von eurem Lachen, vielleicht auch von eurer Traurigkeit.

Ich meine, nur wer sich verschenkt, wird reicher. Nur wer andere froh macht, wird selbst froh. Je mehr ihr für andere brennt, um so heller wird es in euch selbst. Ich glaube, bei vielen Menschen ist es nur deswegen düster, weil sie sich scheuen, anderen ein Licht zu sein.

Ein einziges Licht, das brennt, ist mehr wert als alle Dunkelheit der Welt. Also, lasst euch ein wenig Mut machen von mir, einer winzigen, kleinen Kerze.

Gute Worte

Eines Tages bat eine Lehrerin ihre Schüler, die Namen aller anderen Schüler in der Klasse auf ein Blatt Papier zu schreiben und ein wenig Platz neben den Namen zu lassen.

Dann sagte sie zu den Schülern, sie sollten überlegen, was das Netteste ist, das sie über jeden ihrer Klassenkameraden sagen können und das sollten sie neben die Namen schreiben.

Es dauerte die ganze Stunde, bis jeder fertig war und bevor sie den Klassenraum verließen, gaben sie ihre Blätter der Lehrerin.

Am Wochenende schrieb die Lehrerin jeden Schülernamen auf ein Blatt Papier und daneben die Liste der netten Bemerkungen, die ihre Mitschüler über den einzelnen aufgeschrieben hatten. Am Montag gab sie jedem Schüler seine oder ihre Liste. Schon nach kurzer Zeit lächelten alle.

„Wirklich?", hörte man flüstern. „Ich wusste gar nicht, dass ich irgend jemandem was bedeute!" und „Ich wusste nicht, dass mich andere so mögen …", waren die Kommentare.

Niemand erwähnte danach die Listen wieder. Die Lehrerin wusste nicht, ob die Schüler sie untereinander oder mit ihren Eltern diskutiert hatten, aber das machte nichts aus. Die Übung hatte ihren Zweck erfüllt. Die Schüler waren glücklich mit sich und mit den anderen.

Einige Jahre später war einer der Schüler, Mark, verstorben und die Lehrerin ging zum Begräbnis dieses Schülers. Nach dem Begräbnis waren die meisten von Marks früheren Schulfreunden versammelt. Marks Eltern waren auch da und sie warteten offenbar sehnsüchtig darauf, mit der Lehrerin zu sprechen.

„Wir wollen Ihnen etwas zeigen", sagte der Vater und zog eine Geldbörse aus seiner Tasche. „Das wurde bei Mark gefunden. Wir dachten, Sie würden es erkennen." Aus der Geldbörse zog er ein stark abgenutztes Blatt, das offensichtlich zusammengeklebt, viele Male gefaltet und auseinandergefaltet worden war.

Die Lehrerin wusste ohne hinzusehen, dass dies eines der Blätter war, auf denen die netten Dinge standen, die seine Klassenkameraden über Mark geschrieben hatten. Alle früheren Schüler versammelten sich um die Lehrerin.

Einer lächelte ein bisschen und sagte: „Ich habe meine Liste auch noch. Sie ist in der obersten Lade in meinem Schreibtisch". Eine andere sagte, „Mein Mann bat mich, die Liste in unser Hochzeitsalbum zu kleben."

„Ich habe meine auch noch", sagte der nächste. „Sie ist in meinem Tagebuch." Dann griff eine ehemalige Schülerin in ihren Taschenkalender und zeigte ihre abgegriffene und ausgefranste Liste den anderen. „Ich trage sie immer bei mir", sagte sie und meinte dann ohne mit der Wimper zu zucken:

„Ich glaube, wir haben alle die Listen aufbewahrt."

Quellenangaben

Fotografen

G. Boßmann (62), L. Conrad (85), R. Eisele/ProjectPhotos (44), Foto-CD (24, 46, 69, 96, 111, 117), I. Heidler (18), Juniors (82), H. Klein (32), A. Klisch (52), W. Krebber (12, 114), J. Kenter (102), T. Leimeister (70), H. Mülnikel (112), Pitopia/Binder (26), Pitopia/Foto.Fritz (28), Pitopia/M. Miltzow (101), Pitopia/A. Wahl 65), A. Pohl SCJ. (30, 86), H. Pratz (34), K. Puntschuh (55), K.-H. Schlierbach (78), U. J. Schönlein (108), K. Scholz (14, 38, 48), H. J. Schunk (37), A. Seibert (90), W. Rauch (21, 56, 60, 94), W. Verhaege (120), K. Vogt (43), G. Weissing (107), A. Will (10, 16, 22, 40, 50, 59, 66, 74, 77, 80, 89, 92, 98, 104, 118), H. Wolf (72)

Immer frische Impuls-Geschichten

Möchten Sie regelmäßig weitere Schmunzel-Geschichten lesen? Dann entdecken Sie den Kawohl-Geschichten-Kalender. Jedes Monatsblatt erfrischt mit einprägsamen Beispiel-erzählungen und symbolstarken Bildern.

Über das Leben · Der dekorative Wand-Kalender
13 Blätter, Kunstdruck, Schutzfolie, Spiralbindung, 42 x 30 cm, ISBN 978-3-88087-365-0

Aus dem Leben - für das Leben
Der doppelt nutzbare Postkarten-Kalender
13 Blätter, Postkartenkarton, Glanzlackierung, Spiralbindung, Aufsteller, 21 x 18 cm, ISBN 978-3-88087-343-8

Buchempfehlungen

Ein Päckchen voller Geschichten
Humor würzt jede Erkenntnis und so ist die Mischung aus
Lebensweisheiten und augenzwinkernden Pointen das Er-
folgsrezept dieser Geschichten. 33 Kurzgeschichten regen
an, das Leben aus neuen Perspektiven zu betrachten und
prägen sich mit Ihren unkonventionellen Gedanken ein.
Eine heitere Lektüre aber auch ein Fundus kleiner Impuls-
Andachten für viele Gelegenheiten.
Hardcover, 120 Seiten, 10,5 x 15,5 cm.
RKW 5018 · ISBN: 978-3-86338-018-2

Kleine Schätze
52 Impuls-Geschichten wollen zündender Funke sein für
hilfreiche Einsichten, können staunen lassen und das Leben
unter den Menschen und zwischen Gott und Mensch mehr
als ein Schatz bereichern. Viele Autoren sind an diesem
Buch beteiligt; der wichtigste Autor aber ist das Leben selbst.
Bildband, 128 Seiten, 12 x 17 cm, durchg. bebildert.
RKW 5156 · ISBN: 978-3-86338-156-1